Rainer Stahlmann

Game Design - Konzeption eines fiktiven Strategiespiels

GRIN - Verlag für akademische Texte

Der GRIN Verlag mit Sitz in München hat sich seit der Gründung im Jahr 1998 auf die Veröffentlichung akademischer Texte spezialisiert.

Die Verlagswebseite www.grin.com ist für Studenten, Hochschullehrer und andere Akademiker die ideale Plattform, ihre Fachtexte, Studienarbeiten, Abschlussarbeiten oder Dissertationen einem breiten Publikum zu präsentieren.

Dokument Nr. V25970 aus dem GRIN Verlagsprogramm

Rainer Stahlmann

Game Design - Konzeption eines fiktiven Strategiespiels

GRIN Verlag

Bibliografische Information der Deutschen Nationalbibliothek: Die Deutsche Bibliothek
verzeichnet diese Publikation in der Deutschen Nationalbibliografie; detaillierte bibliografische Daten sind im Internet über http://dnb.d-nb.de/ abrufbar.

1. Auflage 2004
Copyright © 2004 GRIN Verlag
http://www.grin.com/
Druck und Bindung: Books on Demand GmbH, Norderstedt Germany
ISBN 978-3-638-64889-9

Game Design –
Konzeption eines fiktiven Strategiespiels
(Designdokument)

Inhaltsverzeichnis

1. Abstract

1.1. Über die vorliegende Arbeit

Die vorliegende Arbeit stellt ein mustergültiges Designdokument dar, wie es bei der professionellen Konzeption von Computerspielen („Game Design") zum Einsatz kommt. Anstelle abstrakter Anweisungen, wie ein derartiges Dokument zu erstellen ist, bietet diese Arbeit ein konkretes Beispiel: Anhand eines fiktiven, vom Autor dieses Dokuments konzipierten Spiels namens *Future Wars*, werden Anliegen und Inhalte eines Designdokuments für ein Computerspiel deutlich. *Future Wars* stellt eine Mischung aus rundenbasierter Wabenstrategie und Echtzeitstrategie dar. Alle vorgestellten Details und Ideen zu diesem Spiel sind geistiges Eigentum des Autors und unterliegen somit rechtlichem Schutz.

1.2. Vorstellung der Spielidee

Während das Genre der Echtzeitstrategie sich laufend neuer Umsetzungen erfreut, wurde trotz des ursprünglich großes Erfolges der wabenstrategiebasierten Spiele (Battle Isle, History Line,...) seit vielen Jahren kein Spiel mehr produziert, welches dieses Konzept umsetzt. Dies ist umso bemerkenswerter, als dass das Innovationspotential von Echtzeitstrategiespielen bereits seit Langem ausgereizt scheint und nach wie vor das Problem besteht, dass ab einer gewissen Menge an Einheiten aufgrund des Zeitdrucks strategisch wohldurchdachte Aktionen nicht mehr möglich sind, da einzelne Einheiten kaum berücksichtigt werden können: Je größer der Level, desto stärker fallen vor allem in der Endphase einzelne Taktiken dem Zeitdruck zum Opfer.
Wabenstrategie kann hingegen als eine Art „komplexes Schachspiel" angesehen werden, welches auch bei einer großen Menge an Einheiten und Kämpfen, die typischerweise gegen Ende jedes Levels zu handhaben sind, ein präzises und detailliertes strategisches Handeln erlaubt. Die Zahl der Einheiten und die Größe der Karte ist hierbei irrelevant. Dennoch darf nicht verkannt werden, dass Echtzeitstrategie als actionorientiertes Spielgenre einen hohen Spaßfaktor bietet.

Eine sinnvolle Kombination von Waben- und Echtzeitstrategie bietet daher einen vielversprechenden Ansatz für ein Strategiespiel, welches sich auf dem hart umkämpften Markt der Computerstrategiespiele durchzusetzen hat.
Die jahrelange Abstinenz der Anhänger von Wabenstrategie, welche bewusst den Schwerpunkt von Future Wars bildet, kommt einem zukünftigen Spielerfolg dabei ebenso zugute wie der innovative Ansatz, Echtzeit – und Wabenstrategie miteinander zu kombinieren.

Auf ein sinnvolles Ineinandergreifen der beiden Komponenten wurde bei der vorliegenden Konzeption großer Wert gelegt. Die eingestreuten Skizzen und Zeichnungen wurden von den Autoren des Dokuments eigens für das vorliegende Projekt angefertigt und dienen als Visualisierungshilfe sowie als grafische Untermalung.

2. Setting und Story

2.1. Setting

Der **Ort des Geschehens** ist der Planet Erde, welcher zum Schauplatz eines apokalyptischen Krieges der Menschen gegen eine feindliche Alienspezies, die Dorianer, geworden ist. Die einzelnen Level spielen auf verschiedenen Kontinenten und in verschiedenen Ländern unseres Planeten, wobei öde Wüstenlandschaften ebenso zum Schauplatz werden wie bekannte Metropolen und Hauptstädte. Die Auswahl des *eigenen* Planeten als Kriegsschauplatz steigert nicht nur das Involvement und damit die Faszination des Spielers sondern erlaubt es auch, bekannte Kriegsschauplätze wie Berlin, London oder LA in interessante strategische Szenarios umzusetzen.

Zeitlich liegt das Szenario in etwa im Jahr 2300. Die Erde hat sich weitgehend in ein Schlachtfeld verwandelt. Grund der Schlachten sind die Dorianer, die sich in einem Jahrhundert scheinbar friedlicher Koexistenz und Handelsbeziehungen mit den Menschen heimlich darauf vorbereitet haben, mit einem weltweit koordinierten Erstschlag den Krieg gegen die Menschen zu beginnen und den blauen Planeten an sich zu reißen. Der Spieler tritt in der Endphase des bereits seit vielen Monaten andauernden Krieges als neu ernannter strategischer Oberbefehlshaber seines Kontinents in das Geschehen ein. Sein Ziel ist es, mit der Unterstützung verbündeter irdischer Streitkräfte die drohende Niederlage und damit den Untergang der Menschheit abzuwenden. Die Kontinente Australien und Afrika wurden zu diesem Zeitpunkt bereits komplett von den Dorianern erobert.

Das gewählte Zukunftsszenario erlaubt futuristische Einheiten und Waffen, welche als Science fiction – Komponente abermals auf viele Spieler ein hohes Maß an zusätzlicher Faszination ausüben, da diese als *freiwillige Computernutzer* meist sehr technikversiert sind.

Auch in der virtuellen gilt es Welt zu vermeiden, dass der Spieler gegen Menschen Krieg führt. Krieg gegen feindliche Aliens hingegen ist ein glaubwürdiges Szenario, welches auch vom moralischen Standpunkt her vertretbar scheint und daher eher von potentiellen Käufern des Spiels akzeptiert wird. Um dennoch alle Neigungen zu berücksichtigen, hat der Spieler *auf Wunsch* auch die Möglichkeit, sich auf die Seite der feindlichen Aliens zu schlagen.

2.2. Story

Nachdem der Spieler durch ein Intro, welches die Vorgeschichte und des bisherigen Hergang des Kriegs beschreibt, in die Geschichte eingeführt wurde, bietet sich ihm die Wahl zwischen den europäischen, den asiatischen und den amerikanischen Streitkräften. Alternativ dazu kann sich der Spieler dafür entscheiden, als dorianischer Anführer Krieg gegen die Menschen zu führen.

Aus dieser Perspektive erlebt der Spieler den Rest des Spiels, wobei die eigenen Truppen bei erfolgreichem Spielverlauf an immer entscheidenderen Schlachten teilnehmen. Videosequenzen zwischen den einzelnen Levels zeigen das Resultat der bisherigen Spielerfolge und führen in die jeweils nächste Schlacht ein. Während die hierdurch immer weiter erzählten Geschichte je nach Wahl der Streitkräfte variiert, zeigen andere Filmsequenzen entfernte Geschehnisse von globaler Bedeutung und bieten so einen Überblick über das eigene strategische Vorgehen hinaus.

Zwischenzeitlich sorgt das Erscheinen einer weiteren kriegerischen Alienspezies namens Bellarier, welche sowohl die Menschen als auch die Dorianer bekämpft, für eine unerwartete Wendung des Kriegsverlaufs zugunsten der Menschen (*Spannungselement*). Die Bellarischen Einheiten treten jedoch gegen Ende des Spiels aufgrund hoher materieller Verluste zunehmend zu den menschlichen Parteien über und unterstehen im späteren Spielverlauf dem Kommando des Spielers, sofern sich dieser für eine der menschlichen Parteien entschieden hat. Die letzten und entscheidenden Schlachten finden weitgehend zwischen Menschen und Dorianern statt.

Wenn es dem Spieler gelingt, auch die letzte Schlacht für sich zu entscheiden, bedeutet dies in drei von vier Fällen den Sieg der Menschen über die Dorianer. Der Spieler wird durch ein aufwändiges Outro belohnt, welches die Flucht der Dorianer in ihre Heimatwelt und den Beginn des Wiederaufbaus auf der Erde unter Federführung des vom Spieler gewählten Kontinents zeigt. Als Oberbefehlshaber der Dorianer wird der Spieler stattdessen Zeuge des Untergangs der menschlichen Rasse, infolge dessen die Erde von den Dorianern besiedelt und ausgebeutet wird.

Durch die Wahl von einer aus vier Streitkräften hat der Spieler die Möglichkeit, das Spiel viermal mit jeweils komplett unterschiedlichem Spielverlauf und unterschiedlichen Szenarien durchspielen (4 x 15 Level). Auch der Verlauf der Story und die entsprechenden Videozwischensequenzen variieren hierbei weitgehend. Darüber hinaus bietet sich dem Strategen auch in der Rolle einer menschlichen Partei in verschiedenen Levels die Möglichkeit, die Einheiten der außerirdischen Bellarier zu befehligen (vgl. hierzu Kapitel 6.1).

Kausal und lokal eng zusammengehörige Schlachten sind zu Etappen zusammengefasst, deren Ende jeweils einen Etappensieg des Spielers darstellt.
Diese Etappensiege stellen zusätzliche Höhepunkte im Spielverlauf dar und dienen dazu, den Spieler zusätzlich zu motivieren und die Geschichte voranzubringen.

3. Kernmechanik

3.1. Spielprinzip

Future Wars ist ein rundenbasiertes Spiel, bei dem nach dem Round Robin-Prinzip zuerst der Spieler und dann gemäß einer pro Level definierten Reihenfolge die anderen Parteien zum Zug kommen.

Jeder Spielzug gliedert sich in zwei Teile:
Der erste, **rein strategische Teil** ist an das Spielprinzip des Computerspiels „Battle Isle" aus dem Hause Blue Byte angelehnt, welches vor rund zehn Jahren das Genre der sogenannten „Wabenstrategie" begründete: Auf einer in hexagonale Felder unterteilten Landkarte gilt es, die eigenen Einheiten möglichst so zu ziehen, dass daraus ein strategischer Vorteil entsteht, welcher zum Erreichen des Levelziels führt.
Das „**Ziehen einer Einheit**" ist dabei nur einmal pro Runde möglich und beinhaltet das Bewegen derselben über eine begrenzte Anzahl von Feldern sowie die Durchführung einer andere Aktion, welche beispielsweise den Angriff auf eine gegnerische Einheit darstellen kann. Jedoch ist es auch möglich und nicht selten zwingend, in einem Zug auf eine der beiden Aktionen zu verzichten, beispielsweise wenn keine angreifbaren feindlichen Einheiten in der Nähe sind oder ein Bewegen der Einheit nicht sinnvoll erscheint. Das Ziehen einer Einheit stellt eine unteilbare Operation dar; dies hat zur Folge, dass ein Angriff oder eine gleichwertige Aktion entweder direkt nach dem Ziehen der Einheit erfolgen muss oder diese Option bis zum Beginn der nächsten Runde verfällt. Außerdem sind pro Kampf immer genau zwei Einheiten involviert, wobei jedoch dieselbe Einheit mehrmals hintereinander von verschiedenen Gegnern angegriffen werden kann. Obgleich beide Teile strategische Elemente enthalten, wird der hier besprochene erste Teil eines Spielzugs im weiteren Verlauf auch als strategischer Modus bezeichnet.

Im darauffolgenden **taktischen Teil** finden sämtliche **Kämpfe** zwischen den jeweiligen Einheiten in der Reihenfolge statt, in der sie im Kartenmodus durch das Angreifen einer Einheit initiiert wurden. Jeder Kampf wird bildschirmfüllend aus einer isometrischen Perspektive gezeigt, wobei das dargestellte Kartensegment stets den beiden Feldern entspricht, auf denen sich Angreifer und Verteidiger befinden.
Nach dem Vorbild typischer **Echtzeitstrategiespiele** wie „Command & Conquer" (Westwood) hat der Spieler die Möglichkeit, in alle Kämpfe einzugreifen, in die eine seiner Einheiten involviert ist.
Indem er die Subeinheiten seiner Einheit steuert, kann der Spieler bei entscheidenden Kämpfen beispielsweise entscheiden, ob diese besonders offensiv oder eher defensiv vorgehen soll oder wie energieintensiv der Kampf wird. Alternativ dazu kann der Spieler die Steuerung und damit auch den Verlauf des Kampfes dem Computer überlassen. In diesem Fall können die einzelnen Kampfsequenzen auch übersprungen und lediglich der Ausgang des Kampfes zusammenfassend dargestellt werden. Die Echtzeitkomponente ist daher der (essentiellen) strategischen Komponente untergeordnet.

Werden alle Subeinheiten einer sich verteidigenden Einheit im Kampf vollständig zerstört, so werden eventuelle weitere Angriffe übriger Einheiten automatisch verworfen. Alle Ergebnisse einer Kampfrunde äußern sich spätestens im Kartenmodus anhand von entsprechend geschwächten oder zerstörten Einheiten.

3.2. Siegbedingungen

Jeder Level wird durch eine Videosequenz eingeführt, aus der hervorgeht, welche Ziele zum Erfolg der folgenden Schlacht zu erfüllen sind.
Einige typische Ziele sind:

- Vernichten aller feindlichen Einheiten
- Übernahme eines Gebäudes
- Schutz einer bestimmten Einheit vor Zerstörung durch den Feind

Teilweise wird zu diesen Zielen auch eine zeitliche Frist vorgegeben.
Sobald alle vorgegebenen Ziele erfüllt sind, gilt ein Level als **gewonnen**.

Ein Level gilt als **verloren**, wenn alle Einheiten des Spielers vernichtet sind oder sobald eine oder mehrere der vorgegebenen nicht mehr erfüllt werden können.
Scheitert ein Spieler in einem Level, so legt eine entsprechende Videosequenz die verheerenden Folgen dieses Scheiterns dar und die gesamte Kampagne gilt als verloren. Der Spieler hat die Möglichkeit, zu einem gespeicherten Spielstand zurückzukehren oder das Level neu zu starten.

3.3. Level

Die Abfolge der insgesamt fünfzehn Level pro Kampagne ist je nach Wahl der eigenen Partei festgelegt. Im Verlauf des Spiels werden die Level in unregelmäßigen Intervallen größer und komplexer, wodurch sich auch die Spielzeit pro Level von anfangs rund 20 Minuten auf 3 bis 4 Stunden für spätere Level erhöht. Während sich insbesondere zu Beginn des Spiels lediglich die eigenen sowie die Alientruppen gegenüberstehen, greifen in einem Großteil der Levels auch verbündete Parteien in das Spielgeschehen mit ein.

3.4. Schwierigkeitsgrad

Der Schwierigkeitsgrad lässt sich zu Beginn des Spiels in Form von hoher, mittlerer oder niedriger Computerintelligenz festlegen. Die Computerintelligenz ist sowohl für das Ziehen der Einheiten im taktischen Modus als auch für das Manövrieren der Einheiten im strategischen Modus verantwortlich.
Darüber hinaus steigt der Schwierigkeitsgrad mit jedem neuen Level, da sich die Ausgangssituation der Spielerpartei sowohl von der Zahl als auch von der strategischen Position der Einheiten her zunehmend ungünstig darstellt.

3.5. Zahl menschlicher Spieler: Kampagne vs. Einzellevel

Prinzipiell ist das Spiel Future Wars auf *einen menschlichen Spieler* ausgelegt, welcher vom Beginn einer **Kampagne** bis zum Ende des Spiels in jedes Level involviert ist. Jeder Level einer Kampagne kann auch für sich gespielt werden; er steht jedoch erst dann zur Verfügung, wenn er vom Spieler im Verlauf einer Kampagne erreicht wurde.

Da sich rundenbasierte Spiele prinzipiell auch für mehrere Spieler eignen, umfasst das Spiel neben den in die Kampagnen integrierten Levels auch **einzelne Schlachtenszenarios**, welche für den *Mehrspielermodus* konzipiert sind. Je nach Szenario können hier bis zu fünf Spieler beliebig Allianzen schließen und wahlweise gegen menschliche oder computergesteuerte Parteien antreten.

Die übrigen Kapitel des vorliegenden Designdokuments beziehen sich der Lesbarkeit halber stets auf den Kampagnenmodus, treffen jedoch weitestgehend auch auf den einzellevelbasierten Mehrspielermodus zu.

3.6. Parteien

In eine Schlacht (in diesem Dokument auch als Mission oder Level bezeichnet) können neben dem menschlichen Spieler, welcher wahlweise die europäischen, asiatischen, amerikanischen oder dorianischen Truppen befehligt, bis zu vier weitere Parteien involviert sein. Entscheidet sich der Spieler für einen der drei Kontinente, so treten die Parteien der restlichen Kontinente als Verbündete des menschlichen Spielers auf, wobei jeder Kontinent bei Steuerung durch den Computer ein charakteristisches Strategieverhalten aufweist. So ist z.B. Amerika besonders offensiv gegenüber seinen Gegnern und besonders unkooperativ gegenüber Verbündeten.

Die computergesteuerten Parteien sind den menschlichen Parteien in jedem Level zahlenmäßig überlegen, was vom Spieler durch eine überlegene Kampfstrategie auszugleichen ist. Die Dorianer profitieren außerdem von der Möglichkeit, geschlossen aufzutreten, während die menschlichen Truppen auf drei verschiedene Parteien mit verschiedenen Befehlshabern verteilt sind und dementsprechend mehr Koordinationsschwierigkeiten auftreten können.

Als unberechenbarer Faktor treten die Bellarier auf, welche weder mit Menschen noch mit den Dorianern verbündet sind und als computergesteuerte Partei zunächst jede andere Partei bekriegen.

3.7. Allianzen

3.7.1. Verhalten gegenüber Verbündeten

Da die verbündeten Parteien trotz des gemeinsamen Ziels nicht immer im Sinne des Spielers handeln und gewisse Ressourcen nach Meinung der Spielers in der Regel sinnvoller verwendet werden können, wenn diese in den eigenen Händen liegen, ist es prinzipiell möglich (wenn auch selten sinnvoll), auch verbündete Einheiten anzugreifen oder deren Infrastrukturen an sich zu reißen. Ebenso ist es möglich, verbündete Einheiten zu reparieren oder mit Energie zu befüllen und die verbündeten Parteien zu gleichermaßen kooperativem Verhalten zu bewegen.

3.7.2. Verhalten der Verbündeten

Die verbündeten Parteien Europa, Asien und Amerika haben wie auch der Spieler primär das Ziel, den außerirdischen Feind zu vernichten. Dennoch führt eine gewisse Rivalität und der Streit um Ressourcen nicht selten zu Konflikten zwischen den verbündeten Parteien, die z.B. im Angriff eigener Truppen oder dem zeitweisen Entzug von Radardaten eskalieren. Derartiges Verhalten kann vom Spieler provoziert werden, indem er beispielsweise Gebäude verbündeter Parteien besetzt oder deren Truppen angreift. Ebenso führt ein langfristiges Ausbleiben provokativer Handlungen zu einer Verbesserung der Beziehungen, was kooperativeres Verhalten der KI-gesteuerten Computerparteien nach sich zieht.

3.8. Allgemeine Eigenschaften

3.8.1. Zeit

Während im Echtzeitstrategiemodus die Zeit als limitierender Faktor eine entscheidende Rolle spielt und entsprechend der realen Zeit vergeht, wird sie im strategischen Modus an der Zahl der Aktionen gemessen, die der Spieler im Verlauf eines Zuges tätigt: Das sogenannte „Ziehen einer Einheit" stellt gleichzeitig jeweils eine Zeiteinheit dar. Die im taktischen Modus stattfindenden Kämpfe werden jeweils dem Zug zugerechnet, in welchem der Angriff initiiert wurde und finden – obwohl für den Spieler zeitlich versetzt – in der spielerischen Realität auch zum Zeitpunkt des Zuges statt. Dies hat unter anderem Auswirkungen auf die Licht- oder die Wetterverhältnisse.
Im strategischen Modus orientieren sich alle zeitabhängigen Geschehnisse wie Tag- und Nachtwechsel oder die Jahreszeiten an der Zahl der gemachten Züge.

3.8.2. Raum

3.8.2.1. Rasterung / Raumeinheiten

Während sich im taktischen* Modus die Subeinheiten innerhalb der Grenzen des Kampfszenarios frei bewegen können, stellt im Kartenmodus ein Kartenfeld (vgl. Kapitel 3.9.2: „Felder") die kleinste Raumeinheit dar. Daher kann sich auf einem Feld der strategischen Karte nur jeweils eine Einheit befinden.

3.8.2.2. Dimensionen

Sowohl im strategischen als auch im taktischen Modus spielen lediglich die erste und die zweite Dimension eine Rolle. Der Tatsache, dass sich Flugzeuge in der Regel auf einer anderen Ebene als Bodeneinheiten befinden, wird nur insofern Rechnung getragen, als dass beispielsweise Landeinheiten von Lufteinheiten überflogen werden können.

3.8.2.3. Grenzen

Jedes Level besteht aus einer rechteckigen Karte, deren Ränder das Spielfeld begrenzen. Einheiten können nicht über diese Ränder hinaus bewegt werden. Dennoch können auch innerhalb eines Levels besondere Ereignisse eintreten, welche beispielsweise durch herannahende feindliche Truppen eine plötzliche Ausweitung des Kampfgebietes und somit eine Erweiterung der Karte in eine bestimmte Himmelsrichtung nach sich ziehen können. Derartige Ereignisse werden jedoch in der Regel durch entsprechende Hinweise angekündigt und sind keinesfalls regulärer Bestandteil eines Levels.

Im strategischen Modus ist das Kampfgebiet fest auf die beiden in beteiligten Felder begrenzt und kann ebenfalls nicht verlassen werden. Die hier beschriebene Grenze verläuft jedoch nicht direkt am Feldrand, sondern bezieht auch die benachbarten Ränder der umliegenden Felder mit ein (vgl. hierzu Kapitel 3.10.3 : „Einfluss benachbarter Einheiten").

3.8.3. Energie

Energie stellt in Future Wars diejenige Ressource dar, welche universell für die Produktion und Reparatur von Einheiten sowie für deren Fortbewegung und Kampfeinsatz vonnöten ist. Während zu Beginn jedes Levels ein gewisses Energiekontingent vorhanden ist, empfiehlt es sich meist, durch die Produktion von Kraftwerken weitere Energieressourcen zu sichern. Einheiten verfügen über eigene Energiereserven, welche sich durch Aktionen verbrauchen und durch Auftanken wieder erneuert werden können.

Die kleinste handhabbare Energieeinheit im strategischen Modus ist eine Megawattstunde (MWh). Durch Bewegung der Fahrzeuge sowie das Abfeuern von Waffen im taktischen Modus werden in der Regel nur Bruchteile einer MWh verbraucht; jedoch kostet das Betanken von Einheiten mit Energie stets mindestens eine MWh oder ein Vielfaches davon..

3.9. Strategischer Modus und strategische Karte

3.9.1. Briefing und aktuelle Meldungen

Neben einer nicht immer zuverlässigen Wettervorhersage zu Beginn jedes Zuges erhält der Spieler außerdem in unregelmäßigen Abständen Informationen zu den Plänen seiner Verbündeten und besonderen Ereignissen, die den Spielverlauf beeinflussen (beispielsweise das plötzliche Eingreifen einer neuen Partei in eine laufende Schlacht). Während das Briefing für jedes Level in der Regel großteils durch Videosequenzen von Levelbeginn erfolgt, werden ergänzende Informationen im strategischen Modus eingeblendet.

3.9.2. Felder

- Jedes der hexagonalen Felder hat mit Ausnahme von Feldern am Kartenrand sechs Nachbarfelder.
- Alle Felder sind gleich groß.
- Auf jedem Feld kann sich maximal eine Einheit befinden. Eine Transporteinheit, welche andere Einheiten beinhalten kann, zählt in diesem Sinne als eine Einheit.
- Durch eigene oder verbündete Einheiten besetzte Felder sind von gegnerischen Einheiten undurchdringbar. Eine Ausnahme bilden Lufteinheiten, welche in der Lage sind, eine aus gegnerischen Bodeneinheiten bestehende Front zu überfliegen. Gleiches gilt beispielsweise für Schiffe, welche unter einer Front gegnerischen Flugzeuge oder einer von gegnerischen Landeinheiten besetzten Brücke hindurchfahren können.
- Jedes Feld zeichnet sich durch eine gewisse Untergrundbeschaffenheit aus, die bestimmten Einheiten das Manövrieren erleichtern, erschweren oder unmöglich machen kann. Typische Beispiele für Untergründe sind:
  - o Ebener Boden
  - o Gebirge
  - o Sumpf
  - o Seichtes Wasser
  - o Tiefes Wasser
  - o Eis
  - o Schützengräben
  - o Geröll
  - o Morast
  - o Brücken
  - o Wald

Darüber hinaus bietet jeder der oben genannten Feldtypen auch eine eigene Umgebung, welche unter anderem bei Kämpfen eine entscheidende Rolle spielt:
So finden auf einer Straße befindliche Panzer, die von einem Waldstück aus angegriffen werden, kaum Deckung vor dem Feind und erleiden entsprechend höheren Schaden.
Im taktischen Modus bieten je nach Feldtyp vorkommende Bäume oder Felsbrocken einer gewissen Schutz vor feindlichen Geschützen, stellen jedoch insbesondere für große Landeinheiten ein Hindernis dar.

3.9.3. Sichtbereich und unerkundete Gebiete

Zu Beginn eines Levels befinden sich die Einheiten des Spielers in der Regel auf unbekanntem Gebiet. Alle Teile der Karte, welche sich außerhalb des Sichtbereichs der eigenen oder der verbündeten Einheiten befinden, sind daher schwarz dargestellt. Sobald sich ein Gebiet einmal im sichtbaren Bereich befunden hat, bleiben seine groben landschaftlichen Beschaffenheiten sowie Gebäude weiterhin auf der Karte verzeichnet. Aktuelle Veränderungen durch äußere Einflüsse (wie beispielsweise das Wetter) sind jedoch ebenso wie vorhandene gegnerische Truppen nur dann sichtbar, wenn sich die entsprechenden Felder aktuell im Sichtbereich befinden.

13

3.9.4. Einfluss feindlicher Einheiten

Jede Einheit hat die Eigenschaft, ihre sechs Nachbarfelder für feindliche Einheiter schwer passierbar zu machen. Ist es also erforderlich, eine im Grunde schnelle Einheit an zahlreichen feindlichen Einheiten vorbeizuziehen, so reduziert sich die theoretisch mögliche Reichweite auf einen Bruchteil.

3.9.5. Gebäude und Kraftwerke

Normale **Gebäude** können eine unbegrenzte Zahl von Einheiten aufnehmen und bieten außerdem die Möglichkeit, diese zu reparieren.

Fabriken sind besondere Typen von Gebäuden, die neben der Reparatur auch die Produktion eines pro Fabrik spezifischen Kontingents an Einheiten erlauben.
Gebäude erstrecken sich stets über mehrere Felder der strategischen Karte und deuten durch ihr Aussehen und ihre Lage auf bestimmte Charakteristika hin: Während sogenannte „Flughäfen" besonders auf die Produktion von Lufteinheiten spezialisiert sind, zeichnen sich am Wasser gelegene Gebäude in der Regel dadurch aus, dass sie Schiffe aufnehmen und/oder produzieren können.
Jedes Gebäude verfügt über einen oder mehrere Eingänge von der Größe eine Feldes, wobei Gebäude stets nur von Einheiten der Partei befahren werden können, welcher sie gehören. Wird ein Gebäude von einer anderen Partei erobert, so wechselt auch die darin enthaltenen Einheiten den Besitzer. Die Eroberung von Gebäuden ist nur durch spezielle Einheiten möglich.
Eine weitere Eigenschaft von Gebäuden ist, dass diese durch massive Angriffe mitsamt ihrem aktuellen Inhalt zerstört werden können. Bei bloßer Beschädigung von Gebäuden bleiben in ihnen gelagerte Einheiten jedoch unversehrt.
Alle Gebäude greifen bei der Reparatur oder Produktion von Einheiten auf die gesamten Energieressourcen zu, die der eigenen Partei aktuell zur Verfügung stehen.
Diese Energieressourcen können durch **Kraftwerke** wieder aufgefrischt werden, welche im Gegensatz zu Gebäuden von speziellen Konstruktor-Einheiten auch selbst hergestellt werden können und jeweils die Größe eines Feldes haben. Kraftwerke können leichter durch feindliche Einheiten zerstört werden als die extrem angriffsresistenten Gebäude.

Im Spiel Future Wars gibt es zwei Arten von Kraftwerken:

- **Kernenergiegeneratoren** erzeugen gleichmäßig viel Energie, versiegen jedoch nach spätestens zehn Runden und sind nicht weiter nutzbar.

- **Photovoltaikanlagen** sind theoretisch ewig haltbar, erzeugen jedoch nur bei Lichteinfall Energie. Die Menge der erzeugten Energie pro Anlage variiert mit der Intensität des Lichteinfalls (Wetter, Tageszeit, Jahreszeiten), wobei der Energieausstoß eines Kernenergiegenerators pro Runde bei Weitem nicht erreicht wird.

Zu Beginn jedes Levels befinden sich Gebäude, Fabriken und Kraftwerke an bestimmten strategischen Punkten der Karte. Kraftwerke lassen sich nur auf ebenem Untergrund konstruieren.

3.9.6. Reparatur und Produktion von Einheiten

Beschädigte Einheiten können durch **Reparatur** ihre volle Truppenstärke wiedererlangen. Je nach Typ sind für eine Reparatur pro Subeinheit 1 - 8 MWh erforderlich. Die **Produktion**skosten für eine neue Einheit betragen zwischen 15 MWh und 130 MWh.

3.9.7. Tag und Nacht

Innerhalb eines Spielzuges kann es zu mehreren Tag - und Nachtwechseln kommen, wobei die Dauer der Nacht im Verhältnis zum Tag je nach Jahreszeit variiert. Neben dem Aussehen der Karte schlägt sich dieses Phänomen vor allem auf den Sichtbereich und auf den Ausgang der Kämpfe nieder, welche nachts in der Regel weniger intensiv ausfallen. Außerdem produzieren Photovoltaikablagen nachts keine Energie.

3.9.8. Jahreszeiten und Wetter

Diese beiden Größen nehmen vorrangig auf die Beschaffenheit von Untergründen Einfluss, indem sie beispielsweise Wasser gefrieren lassen und somit für Landeinheiten passierbar machen können. Ebenso kann sich Morast bei Regen in Sumpf verwandeln, welcher zahlreichen Landeinheiten das Vorankommen erschwert. Außerdem wird sich durch nebeliges oder regnerisches Wetter die Sicht verringern. Während sich das Wetter oft nur auf Teilgebiete der Karte bezieht und innerhalb eines Zuges unvorhergesehen umschwanken kann, zeichnen sich Jahreszeiten durch einen verlässlichen Rhythmus und durch globalen Einfluss auf die gesamte Karte aus. Sonnige Tage schlagen sich unter anderem in Form einer hohen Energieausbeute von Photovoltaikanlagen nieder.

3.9.9. Besondere Ereignisse

Jede strategische Planung ist dem unvermeidbaren Risiko unterworfen, dass überraschende Ereignisse eintreten, welche sich positiv oder negativ auf den Erfolg eines taktischen Vorgehens auswirken können. Auch das bereits beschriebene Phänomen „Wetter" fällt teilweise in diese Kategorie. Wesentlich stärker können sich unvorhersehbare Geschehnisse wie das Einstützen von Brücken oder die Zerstörung von Gebäuden durch ein Erdbeben auf den Spielverlauf auswirken. Zahl und Wirkung dieser Ereignisse ist jedoch stets beschränkt, so dass das der Spielerfolg weitgehend von strategischen Geschick und nur zu einem geringen Teil vom Zufall abhängig bleibt.

3.10. Taktischer Modus

Jeder Kampf stellt für sich eine Mini-Echtzeitstrategieszenario dar und findet unabhängig von anderen Kämpfen statt. Anstelle von Einheiten (welche auf der strategischen Karte unteilbare Elemente darstellen) operiert der Spieler hier mit Subeinheiten.

3.10.1. Startbedingungen

Die initiale Position der Subeinheiten bestimmt sich nach deren Orientierung auf der strategischen Karte.

3.10.2. Verhalten der Subeinheiten

Subeinheiten können zwei Arten von Aktionen ausführen:
Bewegung und Angriff. Durch Auswahl können Gruppen von Subeinheiten ebenso befehligt werden wie einzelne Subeinheiten. Ab einer gewissen Distanz beginnen die Subeinheiten außerdem, nahende Gegner selbständig zu attackieren. Die **Feuerrate** der Subeinheiten wird durch ihren augenblicklichen Vorrat an Waffenenergie beschränkt. Je nach Waffentyp wird pro Waffeneinsatz ein bestimmter Anteil dieser Energie verbraucht, wodurch andauerndes Feuern unmöglich wird. Die Waffenenergie lädt sich mit konstanter Rate aus dem Energietank der Einheit auf. Bei einer stehenden Subeinheit geschieht dies schneller als bei einer Subeinheit, welche sich gerade bewegt, da im letzten Fall der Antriebsmotor einen Teil der Energie entnimmt.

3.10.3. Einfluss benachbarter Einheiten

Zwei rivalisierende Einheiten, welche sich auf zwei benachbarten Feldern der strategischen Karte befinden, können von bis zu zehn weiteren Einheiten umgeben sein.

Befinden sich, wie in der folgenden Abbildung dargestellt, in direkter Umgebung einer der beiden rivalisierenden Einheiten weitere Einheiten der gegnerischen Partei, so beeinflussen diese das Kampfgeschehen zu Gunsten des Gegners, da dieser die andere Einheit von mehreren Seiten bedroht.

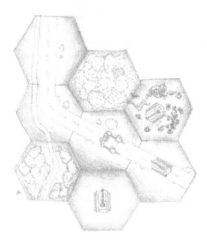

Vergrößerte Abbildung eines Szenarios im strategischen Modus:
Eine auf der Straße befindliche Robotereinheit ist von drei Seiten von feindlichen Panzern eingekesselt

Im Echtzeitstrategiemodus drückt sich diese Überlegenheit dadurch aus, dass bis zu 20% der Subeinheiten jeder benachbarten Einheit ebenfalls in die taktische Karte miteinbezogen werden und von ihrer entsprechenden Position aus in das Kampfgeschehen eingreifen können:

- Besteht eine benachbarte Einheit aus 10, 9 oder 8 Subeinheiten, so stehen zwei zusätzliche Subeinheiten für den Kampf zur Verfügung.

- Bei einer Truppenstärke von vier bis sieben Subeinheiten kann eine zusätzliche Subeinheit in den Kampf eingreifen.
- Bei weniger als vier Subeinheiten steht keine Einheit für den Kampf auf benachbartem Terrain zur Verfügung.
- Benachbarte Einheiten verbündeter Parteien werden vom Computer gesteuert und kämpfen ebenfalls für den Spieler

3.10.4. Ende eines Kampfes

Jeder Kampf dauert entweder eine feste Zeit (75 Sekunden) oder endet früher, sobald alle gegnerischen Subeinheiten vernichtet wurden.

3.10.5. Angriff über mehrere Felder

Wird eine Einheit über mehrere Felder angegriffen, so wird dies durch einen trennenden Riss in der Mitte des Bildschirms dargestellt, welcher nicht überquert werden kann. In diesem Fall hat der Angegriffene lediglich die Möglichkeit, den Schüssen des Angreifers so gut als möglich auszuweichen, bis der Angriff durch erreichen des Zeitlimits endet.

Der Angreifer bringt seine Einheiten in der Regel zunächst in eine günstige Angriffsposition (z.B. Hügel) und zielt dann mit einem Fadenkreuz auf die gegnerischen Einheiten.

Das Fadenkreuz verhält sich umso ruhiger,

- Je weniger Felder auf der strategischen Karte zwischen Angreifer und der angegriffenen Einheit liegen
- Je mehr Erfahrungspunkte der Angreifer hat
- Je günstiger die Position des Angreifers auf der taktischen Karte ist

17

4. Eigenschaften der Einheiten

Die initiale Position sowie die Zahl der Einheiten auf der Karte zu Beginn jedes Levels sind festgelegt.

4.1.1. Einheitenklassen

Die in Future Wars verwendeten Einheiten teilen sich grob in vier Klassen mit jeweils kategorischen Eigenschaften auf. Unter jede Klasse fallen weitere Subklassen von Einheiten. Um das Spiel von Anfang an beherrschbar zu machen, taucht anfangs nur eine geringe Zahl von Einheiten auf. Die Zahl der insgesamt existierenden Einheiten beschränkt sich auf etwa 50, wobei verschiedenen Parteien zugehörige Einheiten sich abgesehen von ihrer Grundfarbe weder im Aussehen noch in ihren Charakteristika unterscheiden.. Diese überschaubare Zahl an Einheiten ermöglicht dem Spieler, auch gegnerische Einheiten schnell zu klassifizieren und je nach Profil der Einheit eine entsprechende Strategie zu wählen, anstatt diese auf die Basis von Mutmaßungen zu stellen.

- **Stationäre Einheiten** sind nicht in der Lage, sich selbständig zu bewegen
  - o Feststehende Geschütze
  - o Minen
  - o Radarstationen
- **Landeinheiten** können verschiedene Typen von Land unterschiedlich gut befahren
  - o Panzer: Hauptsächlich zu Kampfzwecken eingesetzte Fahrzeuge
  - o Robotereinheiten: Sind in der Lage, Gebäude einzunehmen
  - o Transporter: Können eine begrenzte Zahl anderer Einheiten aufnehmen
  - o Versorgungseinheiten: Sind in der Lage, sich selbst und andere Einheiten zu reparieren oder mit Rohstoffen zu versorgen
  - o Konstruktoreinheiten: zum Bau von Kraftwerken
- **Wassereinheiten** können sich im Wasser, jedoch nicht auf Land bewegen
  - o Schlachtschiffe
  - o Transportschiffe
  - o Versorgungsschiffe
- **Flugzeuge** können sich unabhängig von der Beschaffenheit des Untergrundes bewegen
  - o Kampfbomber
  - o Transporthelikopter
  - o Versorgungsflugzeuge

Darüber hinaus existieren **Hybrideinheiten**, die mehrere Eigenschaften in sich vereinen, wie z.B. Luftkissenboote

4.1.2. Truppenstärke

Jede auf der strategischen Karte sichtbare Einheit hat eine bestimmte Truppenstärke, die ihren Beschädigungsgrad wiederspiegelt. Während Truppen auf der Karte als eine untrennbare Einheit zu behandelt werden, ist im echtzeitstrategischen Teil eine der Truppenstärke entsprechende Zahl von Subeinheiten zu sehen, welche getrennt gesteuert und auch einzeln angegriffen werden und Schaden nehmen können. Wird eine Subeinheit durch einen Schuss oder eine andere Waffe ausreichend stark getroffen, so gilt sie als zerstört und die Truppenstärke der gesamten Einheit reduziert sich um eins. Teilweise Schäden an Subeinheiten bleiben nur innerhalb desselben Zuges erhalten und verschwinden bis zur nächsten Angriffsrunde vollständig, da diese von der Subeinheit selbst repariert werden können. Der Einfachheit halber bezieht sich die Truppenstärke im Kartenmodus daher immer auf vollständig intakte Subeinheiten. Verlorene Subeinheiten können durch Reparatur der Einheit in einem Gebäude oder durch eine Reparatureinheit wieder ersetzt werden.

Zu Beginn eines neuen Levels ist jede Einheit unversehrt und hat somit ihre maximale Truppenstärke, die typischerweise bei zehn Truppen liegt. Verliert eine Einheit durch Angriffe alle ihre Subeinheiten, so gilt sie als zerstört und verschwindet von der strategischen Karte.

4.1.3. Geschwindigkeit

Die für jede Einheit spezifische Geschwindigkeit bestimmt im strategischen Modus, über wie viele Felder sie sich bewegen kann. Auch wenn die Geschwindigkeit von Einheiten generell in sechs Stufen (von 0: unbeweglich bis 5: sehr schnell) unterschieden wird, so hat jede Bodeneinheit auf bestimmten Untergründen zusätzlich gewisse Vorteile oder Schwächen: Beispielsweise sind die naturgemäß sehr langsamen Robotereinheiten aufgrund ihrer „Anatomie" in Waldgebieten annähernd so schnell wie die mit schnellem Fahrwerk ausgestatteten Transporter.
Im taktischen Modus bestimmen diese Charakteristiken, wie schnell und gewandt sich eine Einheit auf den aktuellen Kampfterrain bewegen kann und haben damit Einfluss auf den Kampfausgang.

4.1.4. Orientierung

Je nach ihrer vorherigen Bewegung ist jede Einheit in eine von sechs möglichen Richtungen (Norden, Nordosten, Südosten, Süden, Südwesten, Nordwesten) ausgerichtet. Eine nach Norden gerichtete Einheit beispielsweise...

- kann sich im nächsten Zug nach Norden weiter bewegen als nach Süden, da sie nicht mehr wenden muss
- hat nach Norden hin eine weitere Sicht als nach Süden
- kann sich gegen von Norden kommende Angreifer besser zu Wehr setzen

Der letztgenannte Punkt wirkt sich direkt auf die Chancen im Kampf aus, da er einer besseren Ausgangssituation im echtzeitstrategischen Teil entspricht.

4.1.5. Waffen

Prinzipiell unterscheidet das Spiel je nach Angriffsziel zwischen drei verschiedenen Waffengattungen:

*   Waffen, mit denen Bodenziele angegriffen werden können (z.b. Panzer)
*   Waffen, mit denen Luftziele angegriffen werden können (z.b Helikopter)
*   Waffen, mit denen Wasserziele angegriffen werden können (z.b. Kreuzer)

Verfügt z.b. eine Wassereinheit über keine Waffen, mit denen sie sich gegen eine Landeinheit zur Wehr setzen kann, die vom benachbarten Ufer aus angreift, so ist diese dem Angreifer weitgehend ausgeliefert.

Mit Ausnahme einiger weniger Versorgungs- und Transporteinheiten verfügen die meisten Einheiten über diverse Waffensysteme mit jeweils eigener Charakteristik:

*   Laserkanone: geringer Energieverbrauch, eignet sich für gezielte Schüsse auf Distanz, universell gegen jedes Ziel einsatzfähig
*   Flammenwerfer: mittlerer Energieverbrauch, großes Erfassungsgebiet, nur für Bodenziele im Nahbereich geeignet
*   Ultraschallkanone: hoher Energieverbrauch, insbesondere für Wasser-Wasser-Gefechte geeignet
*   Plasma-Bomben: Maximaler Energieverbrauch und maximaler Schaden bei der angegriffenen Einheit, geringe Feuerrate

Stehen für den Kampf gegen eine bestimmte Einheit mehrere Waffensysteme zur Auswahl, so kann im taktischen Modus zwischen diesen umgeschaltet werden.

Darüberhinaus können bestimmte Einheiten ihre Waffen auch dazu benutzen, über mehrere Felder anzugreifen. Einheiten, die über mehrere Felder angegriffen werden, sind prinzipiell verteidigungslos.

4.1.6. Panzerung

Die Panzerung bestimmt, wieviel Schaden eine Subeinheit nimmt, wenn sie im Kampf von einer bestimmten Waffe getroffen wird. Ist die Panzerung einer Subeinheit durchbrochen, so wird diese beim nächsten Treffer zerstört.

4.1.7. Kampferfahrung

Kampferfahrung äußert sich bei Kämpfen in der Treffsicherheit der Einheiten ebenso wie in ihrer Fähigkeit, Schüssen des Gegners auszuweichen. Sie kann maximal Stufe 12 erreichen. Eine neue Einheit verfügt über keine Kampferfahrung (entspricht Stufe 1), kann aber durch Kämpfe an Kampferfahrung gewinnen. Jeder Kampf, in dem eine Einheit mindestens eine Subeinheit des Gegners vernichtet, lässt die Einheit um eine Erfahrungsstufe aufsteigen. Bei Reparatur der Einheiten bleibt ihre Kampferfahrung voll erhalten.

4.1.8. Energievorrat und Energieverbrauch

Die Energie, die eine Einheit speichern kann, variiert ebenso wie der Energieverbrauch beim Bewegen dieser Einheit. Mit Ausnahme von Helikoptern, welche an vielen Orten der Karte Landen können, verbrauchen alle Lufteinheiten auch dann Energie, wenn diese nicht bewegt werden und stürzen ab, sobald die Energiereserven verbraucht sind.

4.1.9. Sichtweite

Die Sichtweite spielt lediglich auf der strategischen Karte eine Rolle, sobald eine das Umfeld Einheit nicht mehr durch den Sichtbereich anderer Einheiten abgedeckt ist.
Jede Einheit hat eine für sie charakteristische Reichweite an Feldern, innerhalb derer sie feindliche Einheiten wahrnehmen sowie unerkundetes Gebiet sehen kann. Bei Flugzeugen ist diese Reichweite typischerweise höher als bei Panzern oder Schiffen.

4.2. Einheiten mit besonderen Fähigkeiten

Bestimmte Einheiten sind in der Lage, anstelle von Angriffen spezielle Aktionen durchzuführen. Beispiele hierfür sind:

- **Versorgungseinheiten:** Betanken andere Einheiten mit Energie
- **Reparatureinheiten:** Reparieren andere Einheiten
- **Konstruktoreinheiten:** Bauen Kraftwerke

Derartige Spezialeinheiten sind in der Regel wenig für den Kampf geeignet und verfügen typischerweise über einen hohen Vorrat an Energie, welcher für die entsprechenden Spezialaktionen benötigt wird.

Roboter sind als einzige Einheit in der Lage, Gebäude zu erobern. Dies geschieht, indem ein Roboter auf den Eingang eines Gebäudes gezogen wird.

Darüberhinaus gibt es **Transporteinheiten**, die eine gewisse Zahl an Bodeneinheiten in ihrem Inneren aufnehmen und transportieren können. Besonders hervorzuheben sind die **Transporthelikopter**, welche zur Aufnahme anderer Einheiten zunächst die Aktion "Landen" durchführen müssen und ab diesem Moment als Bodeneinheit gelten, welche auch als solche angegriffen werden kann. Ein gelandeter Helikopter verbraucht keine Energie, kann aber im ersten Zug nach der Landung nur die Hälfte seiner normalen Reichweite an Feldern zurücklegen.
Jede Transporteinheit schützt ihren Inhalt vor Schaden durch Angreifer. Wird jedoch eine Transporteinheit zerstört, so gilt dies auch für ihren Inhalt. Fahrende und Schwimmende Transporteinheiten können außerdem zum Einsammeln von Minen genutzt werden.

5. Interaktivität

5.1. Nicht interaktive Spielteile

Das Intro, das Outro sowie alle Videosequenzen zwischen den einzelnen Levels stellen in Form von aufwändig aufbereiteten Filmsequenzen die nicht interaktiven Teile des Spiels dar und dienen neben der Entwicklung der Story auch als audiovisuelle Belohnung für den erfolgreichen Abschluss eines Levels, einer Etappe oder gar der gesamten Kampagne. Beim Neustart eines Levels innerhalb einer Kampagne wird jeweils die Videosequenz angezeigt, die diesem vorausgeht.
Beim Start des Spiels wird standardmäßig ist das Intro abgespielt, welches sich jedoch wie alle Videosequenzen mit einer beliebigen Taste überspringen lässt.

Da Einzellevel (wie sie im Mehrspielermodus verfügbar sind) nicht in eine Story eingebettet sind, wird hier gänzlich auf Videosequenzen verzichtet.

5.2. Hauptmenü

Über das Hauptmenü, welches unmittelbar nach dem Intro erscheint, stehen dem Spieler folgende Optionen zur Verfügung:

* Beginn einer neuen Kampagne inklusive Auswahl eines Kontinents
* Laden eines gespeicherten Spielstandes
* Wiederholung eines früheren Levels
* Auswahl und Konfiguration eines Mehrspielerlevels
* Grafikeinstellungen
* Sound- und Musikeinstellungen
* Konfiguration der Eingabegeräte
* Ggf. Rückkehr in das laufende Level
* Verlassen des Spiels

5.3. Steuerung

Im **strategischen Modus** orientiert sich die Steuerung an **genreüblichen Standards** und erfolgt nach dem Vorbild von Battle Isle über einen tastaturgesteuerten sechseckigen Cursor, welcher sich immer auf genau einem Feld befindet. Für jede Einheit der eigenen Partei gibt es bis zu fünf sinnvolle Steuerbefehle:

* Bewegen
* Aktion (Angreifen, Auftanken, Reparieren, Konstruieren, Landen)
* Inhalt anzeigen
* Eigenschaften anzeigen (Name, Waffenausstattung, Panzerung etc.)
* Abbruch

Der Befehl „Bewegen" führt dazu, dass alle für die jeweilige Einheit in diesem Zug erreichbaren Felder hervorgehoben werden und die Einheit durch Auswahl des Zielfeldes dorthin geschickt werden kann. Stehen der Einheit danach Aktionen zur Verfügung, werden diese dem Spieler direkt angeboten.

22

Bei der Auswahl „Aktion" werden mit roter Farbe sämtliche Einheiten beziehungsweise Felder hervorgehoben, auf welche die Einheit eine Aktion ausführen kann. Wurde die Einheit noch nicht bewegt, so wird dem Spieler dies nach Initiieren der Aktion direkt angeboten.

Für stationäre Einheiten oder Gebäude stehen entsprechend nur die Optionen „Angreifen", „Inhalt anzeigen" oder „Eigenschaften anzeigen" zur Verfügung.

Durch Auswahl eines nicht erreichbaren Feldes wird das Bewegen einer Einheit abgebrochen; das Abbrechen von Aktionen erfolgt analog durch Auswahl eines Feldes, auf welches keine Aktion angewandt werden kann.

Befindet sich der Cursor über einer Einheit, so wird deren Name, Kampferfahrung, Energievorrat und Truppenstärke angezeigt; letzteres gilt auch für feindliche Einheiten. Die generellen Eigenschaften feindlicher Einheiten wie Panzerung, Geschwindigkeit können hingegen nur dann angezeigt werden, wenn Daten über diese Einheit vorliegen, d.h. wenn eine Einheit desselben Typs sich bereits im Besitz des Spielers befand. Der Energievorrat gegnerischer Einheiten bleibt dem Spieler prinzipiell verborgen, da dieser im Gegensatz zu Einheitentyp und Einheitenstärke von außen nicht sichtbar ist.
Bei leeren Feldern steht lediglich die Option "Eigenschaften anzeigen" zur Verfügung, welche den jeweiligen Untergrundtyp im Hinblick auf Manövrierbarkeit, Schutz sowie Beeinflussung durch Wetter- und Temperaturschwankungen beschreibt.

Auch alle anderen Details wie z.B. der Zugriff auf den Inhalt von Einheiten oder Gebäuden gestalten sich in konsistenter Weise nach dem Vorbild von Battle Isle, Battle Isle 2, History Line weiteren vergleichbaren Spielen dieses Genres.

Die Steuerung der Subeinheiten im **Kampfmodus** erfolgt echtzeitstrategietypisch mit der Maus. Während ein Linksklick auf einen bestimmten Ort eine Subeinheit dorthin schickt, erteilt der Spieler per Rechtsklick auf eine feindliche Subeinheit den Befehl, diese anzugreifen. Die Subeinheit verfolgt die angegriffene Einheit, bis eine der beiden Einheiten zerstört ist oder bis der Spieler den Angriff durch Linksklick auf die Karte abbricht. Das Scrollrad der Maus dient zum Waffenwechsel, wobei nur die jeweils verfügbaren Waffen zur Auswahl stehen (d.h. keine Luft-Luft Rakete, wenn ein Flugzeug gegen Bodentruppen kämpft).
Unsinnige Befehle, wie z.B. das Feuern auf eigene Einheiten oder das Attackieren eines Schiffes mit einer nur für Luftziele geeigneter Waffe, sind nicht möglich und werden unter entsprechenden grafischen Hinweisen ignoriert.

Für den Fall, dass eine Einheit über mehrere Felder angegriffen wird, ist der Bildschirm in zwei Hälften geteilt. Befindet sich der Mauszeiger in der Bildschirmhälfte des Angegriffenen, verwandelt sich dieser Fadenkreuz, mit welchem er auf die gegnerische Einheit zielt und mittels Rechtsklick feuert. In der eigenen Bildschirmhälfte kann die Einheit bewegt werden, um sie für den Angriff optimal zu positionieren. Wird der Spieler selbst über auf diese Weise angegriffen, so hat er lediglich die Möglichkeit, durch Bewegen seiner Einheit den Schüssen des Gegners so gut wie möglich auszuweichen. Entsprechendes gilt generell für Einheiten ohne Verteidigungsmöglichkeit (ungeeignete Waffen).

Eine laufende Aktion kann durch Erteilen eines neuen (insignifikanten) Befehls abgebrochen werden; z.B. durch einen Linksklick auf benachbartes Terrain, zu dem die Subeinheit geschickt wird und dann auf neue Befehle wartet.

Durch Druck auf die Escapetaste der Tastatur hat der Spieler jederzeit die Möglichkeit, aus dem Laufenden Kampf auszusteigen und der künstlichen Intelligenz des Computers die Steuerung zu übergeben. Ein Druck auf die Spacetaste lässt den Spieler wieder in das Kampfgeschehen eingreifen. Ein weiterer Druck auf die Escapetaste führt hingegen direkt zur Darstellung des Kampfergebnisses.

5.4. Interface

5.4.1. Konsole

Über ein Menü an der oberen Seite des Bildschirms hat der Spieler die Möglichkeit,

- sich die geographische Lage des aktuellen Schlachtenszenarios auf einer Weltkarte anzusehen
- alle bisher empfangenen Meldungen erneut abzurufen
- sich eine Zusammenfassung der bereits erfüllten und offenen Schlachtziele anzeigen zu lassen
- Spielstände zu speichern
- Spielstände zu laden
- ins Hauptmenü zu wechseln

Dieses Menü ist nur während des strategischen Modus zugänglich.

5.4.2. Strategischer Modus

Während die Karte den Hauptteil des Bildschirms ausfüllt (Spielbereich), sind im rechten Bildschirmbereich aktuelle Informationen über den augenblicklichen Energievorrat, die nach Zügen berechnete fiktive Uhrzeit (Tag- / Nachtanbruch), das Datum (Jahreszeit) sowie die Temperatur (Schmelzpunkt von Eis = 0° C) und Luftdruck (Wetterentwicklung) inklusive Tendenz dargestellt.

Der untere Bildschirmbereich steht für Informationen zu der Einheit zur Verfügung, auf der sich der Cursor befindet. Angezeigt werden wie im Kapitel „Steuerung" beschrieben bis zu vier der folgenden Eigenschaften:

- Typ der Einheit
- Truppenstärke
- Energievorrat
- Kampferfahrung

Befindet sich der Cursor auf einem leeren Feld oder einem Gebäude, lauten die Angaben lediglich „Wald", „Morast" oder „Fabrik".

Zu Kraftwerken wird der Kraftwerkstyp sowie die durchschnittliche Energieausbeute pro Runde bei aktueller Wetterlage angezeigt.
Die Grundfarbe einer Einheit, eines Gebäudes oder eines Kraftwerks kennzeichnet deren Parteizugehörigkeit. Wurde eine Einheit bereits gezogen und kann keine Aktionen mehr durchführen, so wird diese bis zum Ende der Runde grau dargestellt.

Da die Karte stets größer ist als der auf dem Bildschirm sichtbare Bereich, wird automatisch gescrollt, sobald sich der Cursor am Bildschirmrand befindet. Ein dem sichtbaren Bildschirmbereich entsprechendes Rechteck über einer Miniaturansicht der gesamten Karte im unteren rechten Bildschirmbereich verdeutlicht die Position des momentan dargestellten Kartenausschitts und dient der Orientierung.

25

5.4.3. Taktischer Modus

Der gesamte obere Bildschirmteil zeigt den Kampfhergang aus der isometrischen Perspektive. Da sich das Kampfszenario stets auf zwei Kartenfeldern (unter geringfügigem Einbezug der umgebenden Felder) abspielt, können diese leicht innerhalb des vorhandenen Bildschirmbereichs dargestellt werden und ein Scrollen wird überflüssig.

Der untere Bereich des Bildschirms zeigt Informationen, welche sich auf die aktuell ausgewählte Subeinheit sowie auf die Einheit, der diese angehört, beziehen:

Die Abbildung zeigt einen groben Entwurf für die im strategischen Kampfmodus sichtbare Steuerkonsole. Während im linken Drittel invariante, spezifische Eigenschaften der Einheit aufgelistet sind, zeigt das mittlere Segment den aktuell vorhandenen Gesamtenergievorrat der Einheit sowie deren Kampferfahrung. Die Angaben „Panzerung" und „Waffenenergie" beziehen sich hingegen lediglich auf die aktuelle Subeinheit. Im rechten Drittel informieren drei Icons über Bewegungen, Angriffe und aktuell gewählte Waffe der Subeinheit (durch ein Symbol angedeutet). Durch Mausklick auf die Waffe lässt sich diese wechseln. Der „Auto" – Bereich bietet vorgefertigte KI-basierte Verhaltensweisen für einzelne Einheiten.

Zusätzlich wird im Spielbereich über jeder Subeinheit ein Balken angezeigt, der ihre aktuelle (restliche) Panzerung und damit den Grad an Schaden repräsentiert

5.5. Akustisches Feedback und Musik

Während im strategischen Modus über den Sounds kaum eine Bedeutung zukommt, lassen diese im taktischen Modus nicht nur den Antrieb (Ketten, Propeller, Düsen,...) und die Menge der in einen Kampf verwickelten Subeinheiten erkennen, sondern spiegeln auch das Abfeuern von Waffen sowie die Effizienz eines Treffers akustisch wieder.
In beiden Modi wird – soweit möglich - auch das aktuelle Wetter durch die Soundkulisse aufgegriffen: Je nach aktuellem Kartenabschnitt im strategischen Modus hört der Spieler beispielsweise Regenprasseln, Sturmböen oder Donnergeröll.

Während im strategischen Modus die Akustik von einer stimulierenden bis aggressiven Musikkulisse geprägt ist, dominieren im taktischen Modus die Geräusche von Waffen, Statusmeldungen und Explosionen.

Rainer Stahlmann, Februar 2004

6. Anhang

6.1. Beispielhafte Beschreibung der Missionen einer Kampagne aus Sicht Europas

Da eine detailliertere Beschreibung den Rahmen des vorliegenden Dokumentes sprengen würde, werden die hier vorgestellten Missionen nur sehr oberflächlich dargestellt um beispielhaft den Kampagnenverlauf aus Sicht einer Partei zu skizzieren. Angaben zur Größe der Karte in Feldern fehlen daher ebenso wie die initiale Zahl und Position der Einheiten oder der genauen Definition der Siegbedingungen. Um kleine Schauplätze wie Städte gleichermaßen in den Spielverlauf einzubeziehen wie ganze Kontinente, muss zudem auf maßstabsgetreue Karten verzichtet werden: Obwohl die Karte zu Level 10 (ganz Afrika) um ein Vielfaches größer ist als die Karte zu Level 1 (Paris), repräsentiert im ersten Fall jedes hexagonale Feld realistisch gesehen eine wesentlich größere Fläche (km^2).

Die Missionen aus Sicht der verschiedenen Parteien unterscheiden sich vom Verlauf her unter anderem im Ort der Kriegsschauplätze und den sich daraus ergebenden Konsequenzen: die asiatischen Truppen beispielsweise werden zunächst an Gefechten in Asien teilnehmen und erst gegen Ende des Spiels Unterstützung durch amerikanische Truppen erhalten, während die Dorianer ab Spielbeginn an verschiedenen Orten des Planeten gleichzeitig mehrere Fronten verteidigen müssen.

Größere Szenenwechsel im Verlauf des Spiels (wie beispielsweise nach der 4. Mission) leiten jeweils neue Etappen einer Kampagne ein werden durch die Story untermauert: So wird beispielsweise der Kampf gegen die aus Skandinavien verdrängten Einheiten auf russischem Boden von den asiatischen Truppen weitergeführt, wodurch der Kampf für die europäischen Truppen im Norden zunächst endet. Daher konzentriert sich das Geschehen aus Sicht des Spielers nun auf den Kampf an südlicher Front.

6.2. Liste der Einheiten

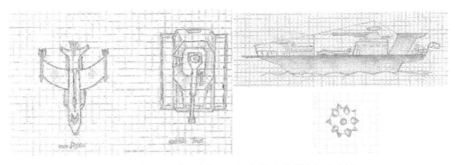

Die hier abgebildeten Skizzen bieten generelle Anhaltspunkte für das Design der Einheiten im Spiel.
Stellvertretend wurde pro Klasse eine Einheit zeichnerisch entworfen.

Die folgende Liste stellt lediglich einen Teil der zirka 50 im Spiel vorkommende Einheiten vor. Ebenso wie bei der Missionsbeschreibung wurde hier auf ein detailliertes Profil jeder Einheit verzichtet, welches im Spiel sehr wohl vorhanden ist. Dieses Profil setzt sich unter anderem aus folgenden Eigenschaften zusammen:

- Geschwindigkeit inklusive Beweglichkeitsprofil (Eignung für verschiedene Untergründe und Energieverbrauch)
- Energievorrat
- Panzerung
- Waffen inklusive Energieverbrauch und Reichweite
- Aufnahmekapazität (bei Transportern)
- Energiekosten für Produktion
- Energiekosten für Reparatur
- Initiale Truppenstärke einer Einheit (nach Produktion bzw. zu Levelbeginn)
- Sichtweite
- Aussehen
- u.v.m.

Name der Einheit	Typ	Klasse	besondere Eigenschaften
Spike	Mine	Stationäre Einheit	kann von Transportern eingesammelt werden
Ghoul	Geschützturm	Stationäre Einheit	
Fly Swat	stationäre Flak	Stationäre Einheit	
Haruspex	Radarstation	Stationäre Einheit	extrem hohe Sichtweite
T-800	leichter Panzer	Landeinheit	
T-900	Standardpanzer	Landeinheit	
T-1000	schwerer Panzer	Landeinheit	
Buster	Raketenpanzer	Landeinheit	
Sneaker	Tarnpanzer	Landeinheit	ist für fremde Parteien nur sichbar, wenn diese im Umfeld von drei Feldern eine Einheit besitzen
Sandman	Störpanzer	Landeinheit	stört feindliches Radar
Omnibot	Roboter	Landeinheit	kann Gebäude erobern
X-20	Transporter	Landeinheit	
EMP	Konstruktor	Landeinheit	baut Kraftwerke
Handyman	Reparatureinheit	Landeinheit	repariert Einheiten
Camel	Tankfahrzeug	Landeinheit	betankt Landeinheiten; nahezu unbegrenzter Energievorrat
Hovering Death	Luftkissenboot	Luftkissenboot	Als Land - und Wassereinheit zu verwenden
Caesar	schwerer Kreuzer	Wassereinheit	
Ray of Light	Powerboat	Wassereinheit	extrem schnell
Moby Dick	Transportfähre	Wassereinheit	
Hudson	U-Boot	Wassereinheit	ist für fremde Parteien nur sichtbar, wenn diese im Umfeld von drei Feldern eine Einheit besitzen; kann nur in Gebäuden repariert oder betankt werden; nicht von Landeinheiten angreifbar
Eagle	Aufklärer	Lufteinheit	
Hawk	Bomber	Lufteinheit	
Bird of Prey	Bomber	Lufteinheit	
AirTaxi	Transporthelikopter	Lufteinheit	muss zum Aufnehmen oder Ablanden von Einheiten landen
Archimedes	Tankflugzeug	Lufteinheit	betankt Lufteinheiten; nahezu unbegrenzter Energievorrat